自己発見と大学生活

初年次教養教育のためのワークブック

第2版

鬼塚哲郎・川出健一・松尾智晶・宮木一平 著
中沢正江 編著

Expression,
Dialog,
Self-
Conversation

ナカニシヤ出版

漫画：京都産業大学外国語学部卒業生　星加　静
テーマ：大学をアウェイからホームへ

この授業を創り上げるプロセスに関わられた
すべての受講生、学生ファシリテータ、
職員、そして教員に本書をささげます。

はじめに

『自己発見と大学生活』という本書のタイトルは、この本の目的を表しています。自分自身を改めて見つめなおし、みなさん自身がさまざまなリソースをみつけて自ら結びあわせ、自分に合った大学生活を産み出してほしい、これが私たち著者の願いです。

この本は、大学に入学された初年次生を対象に開講される講義で活用されることを想定して書きました。

大学に入学されたみなさんが自分を大切に見つめなおし、自分に関する理解を深め、周囲の環境と自分との関係を考えながら意見を言いあったり活動してみることを恐れずに、安心して豊かな大学生活を過ごされるよう心から願っています。

「大学生活」とは、どのようなものでしょうか。

私たちは、大学生活は大学生であるみなさん自身が産み出すものだと考えています。ある程度、決められた「すべきこと」の枠組みはありますが、大学で何を学ぶか・何を経験するかは学生自身がデザインできるのです。また、そうしなければ、知を産み出せるという大学特有の値打ちは半減し、実にもったいないと私たちは考えています。

「大学」とは、何でしょうか。

私たちは、大学とは「新たな知を産み出すところ」だと捉えています。新たな知を産み出すスタートは、まず自分が何を知りたいのか、何に興味を持っているのかに気づくことです。知識を身につけ、疑問や自分の意見をまとめ、調査や実験を何度も重ねて検証し議論を楽しみながら、新たな知を産み出すのが大学です。試してみて、挑戦して、失敗して、成功して、発見する場が大学です。そして、その中心は大切なあなた自身です。

私たちを取り巻く世界のすべてに興味関心を持つ楽しみを、考えや意見を交わしあい、何かを発見する知的興奮を、ぜひ大学で味わってください。それが、大学の持つ醍醐味です。これが、社会における大学の存在意義なのです。

「知」とは、「学び」とは、何のためにあるのでしょうか。私たちは、私たち一人ひとりがより良く生きるためのものだと考えています。自分にとっての『より良く生きる』とはどのような状態を指すのか、そのために何が必要なのか。千差万別のその解を、あなたの well-being のための解を、大学で見つけてください。

最後になりましたが、この本は京都産業大学の共通教育科目（初年次対象）「チャレンジ精神の源流」「キャリアデザイン基礎」「自己発見と大学生活」の内容を踏まえて産み出したものです。関係者のみなさまに、深く感謝申し上げます。

松尾智晶

初年次教育科目を担当される教職員のみなさまへ

初年次教育は何を目的として、なされるべきでしょうか？

本書は、大学に「慣れる」ためにアカデミックスキルに触れてはおりますが、スキル修得に重きを置いていません。「自分の人生の方針を自らに問いかけ続け、生きる一人の人間」としての自覚を初年次生に促していることが本書の特徴です。

アカデミックスキルの修得、市民としての素養の涵養、社会人基礎力の育成、専門領域（ディシプリン）における学習へのレディネスの形成……大学の教職員が、学生に大学入学時に身につけて欲しい知識・能力・態度は枚挙に暇がありません。これらは、いずれも重要なものです。

そのうえで、本書は敢えて、その手前の問題に焦点を当てています。

大学の初年次生にこそ、自分は何者なのか、自分はどのように学び、どう生きたいと思うのかという「方針」を、自らに問いかけ続けてほしい……その問いかけの促しを主目的として本書を執筆しました。その問いかけこそが、大学で学ぶ意義を深め、活き活きと学ぶ基盤として働くと私たちは考えています。

初年次教育の現場で日々受講生達の様子を観察し、語りあう中で、私たちはあることに気づきました。

それは、多くの新入生にとって自分が「どのように大学生活を送りたいのか」ということを考え、表現しあうことがとても難しいということです。「自分の意見を言っていいのだろうか」「自分の考えには、表明するだけの価値があるのだろうか」「自分の方針を持つ方が、良い大学生活につながるのか？　本当に？」という不安や疑問を解消し、自らが望む大学生活を送ってほしいと考え、この科目を運営しています。

社会人は知らず知らずのうちに、社会の後輩である若者に「このように生きて欲しい」「このように生きる

のが良い」という思いを強く出し過ぎているのかもしれません。そのような思いから、若者自身の人生の為にさまざまなスキル・知識を身につけて欲しいと願う……それはとても真摯な願いです。

一方で、スキルを身につけることが目的となり、そのスキルを何故身につけるのか、そもそもそのスキルは自分が求めているものなのか、自分はどう生きたいのか……と、自らに問い、納得感を形成する時間は充分若者に与えられているのでしょうか。

この科目では、これらの根源的な問いを投げかける場を提供したい……それが私たちの想いです。

このような想いから、本書は、どの学部でも役立ち得るアカデミックスキル（プレゼンテーション、ディスカッション、調査方法等）の修得の要素を入れながら、「自分の方針」を表現しあい、問いかけ、そのことを楽しみ喜びあう機会を提供するよう構成されています。

これまでの大学教育でも「自分の人生の方針を自らに問いかけ続け、生きる一人の人間」としての自覚を得られる機会を十分に提供できていた、それらは教養教育で得られていたのではないか、と感じる方もいるかもしれません。あるいは、集団としての規律を主たる基盤とせざるを得ない小学校から高等学校までの教育から離れて「自由な大学」の空気に触れた若者は、そのような自覚が自ずから得られた、と感じる方もいるかもしれません。

私たちは少なくともこのような自覚を促す教育は、大学教育の重要な部分であると考えています。この教育は、今の大学で、教養教育でこそ明確に意識して実践すべきであり、これについて新しい角度から実践を試みたく、この科目を運営しています。

新しい角度の実践とは、他の受講

生、先輩学生である「学生ファシリテータ」、社会人ゲスト、教員等、科目に関係する「他者」との対話・共通体験を通して、自分の人生の方針についての問いかけを促す、というアプローチのことです。このために、本書のワークは、自らの体験を価値づけ、意味づけ、現在の自分の方針を問い、表現し、他者と比較して相対化し、また問い直し、表現し……と繰り返して実践できるよう設計されています。

本書の試みは、広く大学教育の現場で必要とされているものだと感じています。各大学で使用される際は、適宜アレンジしてご活用下さい。一方で、不足な点を補い、発展を目指したいとも考えております。ご意見やお気づきの点をお知らせ頂けたら幸いです。

末筆となりましたが、本書は『自己発見と大学生活』の第2版となります。

京都産業大学における初年次教育の取組みは、初年次共通教育科目として「チャレンジ精神の源流」「キャリアデザイン基礎」に始まり、それを発展的に継承したものが「自己発見と大学生活」（選択科目／受講生規模 2,000 名）です。

この科目は、これまでの蓄積を教科書としてまとめたうえで、教職員を交えた統括チームを発足し、安定的な授業運営を実現しています。京都産業大学の産業は「むすびわざ」とも読み、ひとやものごとをむすびつけ新たな知をうみだすという『むすんで、うみだす』を教育ポリシーとしています。

キャリア教育センター、教育支援研究開発センター、初年次教育センター、Ｆ工房（ファシリテーション工房）のみなさまと共に、『むすんで、うみだす』を体現するこの科目を継続しておりますこと、心から感謝申し上げます。

中沢正江・松尾智晶

目　次

はじめに　*iii*

初年次教育科目を担当される教職員のみなさまへ　*v*

00　「自己発見と大学生活」について ——————————— *1*

00-01　自らの方針に基づく大学生活　*1*

00-02　「学生ファシリテータ」とは　*1*

00-03　本授業の特色　*2*

00-04　受講ルール　*3*

00-05　成　績　*3*

00-06　出欠席　*4*

00-07　講義スケジュール　*4*

00-08　準備ワーク　*5*

Part I　自分を知る
さまざまな活動と情報を基に

01　オリエンテーション ————————————————— *9*
自己表現とフィードバックでお互いを知りあう

01-01　この授業の到達目標　*9*

01-02　ワークの進め方　*9*

02　対話を通して自分を知る ——————————————— *11*
自分が人生で大切にしてきたことを省察する

02-01　この授業の到達目標　*11*

02-02　ワークの進め方　*11*

03 大学生活について考える ——————————— 15
先輩に聞く大学での学び方

03-01 この授業の到達目標　　15
03-02 ワークの進め方　　15

04 自分の「今」を表現する ——————————— 19
文章と図で今の自分を表してみよう

04-01 この授業の到達目標　　19
04-02 ワークの進め方　　20

05 社会人生活を調査する ——————————— 23
社会人の先輩に聞く：大学と社会を産すぶ私の大学生活

05-01 この授業の到達目標　　23
05-02 ワークの進め方　　23

06 自分の周りの仕事世界を調査する ——————————— 27
社会人へのキャリアインタビュー・レポート

06-01 レポート執筆のために　　27
06-02 このワークの到達目標　　28

Part Ⅱ チームをつくり協働する
私たちが考える「大学生活の楽しみ方」

07 チーム活動とポスターセッション ———— 33

07-01 この授業の到達目標 33
07-02 ワークの進め方 34

08 チーム活動の振り返り ———— 39

08-01 この授業の到達目標 39
08-02 ワークの進め方 40

Part Ⅲ 新たな自分を見出す
これまでの活動を振り返って

09 大学生活を産すぶ「私の大学生活」発表 ———— 45
スピーチ体験とフィードバック

09-01 この授業の到達目標 45
09-02 ワークの進め方 45

10 今期授業の振り返り ———— 47
今後の大学生活に向けて

10-01 この授業の到達目標 47
10-02 ワークの流れ 47

おわりに 51

参考文献 53

00 「自己発見と大学生活」について

00-01 自らの方針に基づく大学生活

　大学生活では、「自分にとって正しいことは何か」「自分にとって何を学ぶのがよいか」「自分はどのような力を身に付けたいか」といったことを、すべて自分自身で考えることができます。新入生だからこそ、社会人と同様に、自らの意思で幅広い選択肢から自らの行動を選ぶこと、自ら選んだ選択肢の結果を引き受けること、という世界に所属する大学生へのシフトチェンジを楽しみましょう。あなたにとっての大学生活を考えるのがこの授業の目的です。

　あなたが大学で何を経験し、何を学べばよいか。その答えは、あなた自身がみつけます。友人や教職員と対話し、大学が提供するさまざまなサービスを利用し行動してゆく。自分に合った答えを、誰かから押し付けられるのではなく自分で選び取ることができる自由を活用し、楽しんでほしい。自分の大学生活に、自分なりの方針を持つ準備をするのがこの授業です。

　大学での自由は、慣れないうちは不安かもしれません。しかし、その自由を使いこなすことができれば、無限の可能性を産み出す（産すぶ）ことができます。新たなものを産み出し、周りの環境にあるリソースを結びつける「むすぶ力」をつけて、クラスメンバーと共に、あなたならではの大学生活の第一歩を踏み出してください。

00-02 「学生ファシリテータ」とは

　この科目では、「学生ファシリテータ」が教員と共に科目を運営します。ファシリテータとはファシリテーションする人のことで、ファシリテーションという言葉には「引き出す」という意味があります。みなさんの持ち味や考え、質問や意見を表現しやすい場を整える人が学生ファシリテータです。具体的には、授業の様子を見守りながら、受講生に話しかけたり、グループワークに取り組みやすいように支援するボランティアスタッフです。学生ファシリテータは、説明会に参加し、研修を受けて授業に臨みます。また、先輩や後輩といった上下関係の枠を超え、フラットに関わる訓練も積んでいます。

学生ファシリテータは、2年次生以上の上級生によって構成されており、1クラスに複数人の配置を基本としています。このため、他の受講生からだけでなく、学生ファシリテータのありようからも、いろいろなタイプの「大学生のリアル」に出会うことができるでしょう。

学生ファシリテータは単位や給与のないボランティア制度によって成り立っています。つまり、「新入生向け科目の運営に携わりたい」「ファシリテーション（協働促進）をやってみたい」という純粋な意欲から本科目に関わっています。ワークの進め方や大学生活のことで、わからないことや困ったことがあれば、気軽に声をかけてください。

ただし、成績評価には一切関わっていませんので、成績や単位、履修に関することは教員に確認してください。

00-03 本授業の特色

この授業では、色々な価値観を持った者同士が、新たな人間関係をどのように築いていくのかを体験するプロセスを通じて、多くの学びや気づきが得られるよう構成されています。

大学の授業は、大きく二つの運営形式があります。受講生が主体となって活動することで授業時間を過ごす「アクティブラーニング形式」と、教員が中心となって進め、受講生は考えながらメモを取り、質問時間に質問する「座学形式」です。

この授業では、基本的に受講生の活動を中心としています。具体的には、ペアワーク、グループワーク、ディスカッション、プレゼンテーションといった、あなた自身が主役となる場面が多く用意されています。一方で、先輩学生やゲストの話を聞きながらメモを取り、質問を考え問いかける場面もあります。この授業に参加することで、今後の大学生活において「アクティブラーニング形式」「座学形式」の両方の授業形態を受講生自身が楽しむ準備ができます。

受講生自身が主役となる場面では、あなたの振る舞いや発言が、あなた自身と他の受講生の学びの質に大きく影響を与えます。授業内容を受講生全員にとって、より充実したものとするために、以下の3点を身につけましょう。

- 「自分から行動する」主体的な姿勢
- 場の「ルール、マナーを守る」社会的な意識
- コミュニケーションにおいて「相手に反応を返す」相互尊重の態度

この姿勢、意識、態度を身につけることで、これからの大学生活が豊かなものになります。これらは大学という枠を超え、社会の中で自分らしい人生を歩んでいくための基礎的な「型」ともいえます。人は行動し、得た経験や他者との対話を通じて自分らしい人生を歩んでいくための情報を得ます。この授業は、そのためのトレーニングです。新入生だからこそ、この

授業を活用して、「人と話すのが苦手」「何か発言するのは面倒」「失敗したら恥ずかしい」「自分のキャラ（キャラクター）じゃない」という不安やネガティブな思いをいったん横におき、自分から積極的に声をかけて対話を始めましょう。

00-04　受講ルール

この授業では、自分の大学生活や人生（将来）のことを真剣に語りあう「対話」と活動を通じて、お互いが学び、発見し、気づき、不安や迷いを共に乗り越えていく「場」と「時間」を共有します。

授業を有意義な時間とするために、以下のルールを守ってください。

●自分に対するルール
①受け身、無関心にならず、疑問や意見は遠慮なく発言する
②テキストは毎回必ず持参し、気づいた点、学んだ点などを「メモ」する習慣をつける
③ペアワーク、グループワークでは「自分が言いたいこと、やりたいこと」と「自分の役割と責任」は何かを考え、自ら発言し、提案し、作業を行う
④「自分が自分の成長を観察する」という意識を持って、毎回「Reflection Note」に授業の振り返りを記入する
⑤よい学びの場づくりのために、挨拶を忘れず、欠席、遅刻はしない
※挨拶はグループの雰囲気を前向きにしますし、遅刻や欠席は他の受講生にも影響します。

●教員、学生ファシリテータ、クラスメイトに対するルール
①質問や意見を言いたいときは、素直に、相手に伝える
②相手の話をよく聴き、自分の意見をわかりやすく伝える
③人任せ、相手任せにせず、自分自身が授業をつくる意識を持つ
④お互いの在り方、考え方を尊重しあう

00-05　成　　績

この授業の成績の評価方法は教員から提示します。シラバスでも確認してください。

00-06　出欠席

以下によって、出欠席を確認します。

・「Reflection Note」：毎回提出し、担当教員の確認サイン（印）をもらう

00-07　講義スケジュール

回	日　　程	内容（対応章）	連絡事項
1	月　　日（　）	オリエンテーション（第1章） ―自己表現とフィードバックでお互いを知りあう―	
2	月　　日（　）	対話を通して知る自分（第2章） ―価値観ワークを通して、自分が大切にしてきたことを省察する―	
3	月　　日（　）	大学生活について考える（第3章） ―先輩学生との対話を通して、大学生活の幾つかの事例を学ぶ―	
4	月　　日（　）	自分の「今」を表現する（第4章） ―文章と図で今の自分を表現する―	
5	月　　日（　）	社会人生活を調査する（第5章） ―社会人の先輩に聞く：大学と社会を産（む）すぶ私の大学生活―	
オンデマンド	月　　日（　）	自分の周りの仕事世界を調査する（第6章）	キャリアインタビュー・レポート提出
6	月　　日（　）	大学生活を産すぶ　その1（第7章） ―チームメンバーと知りあう―	固定チーム活動開始
7	月　　日（　）	大学生活を産すぶ　その2（第7章） ―ポスター発表のテーマ・基本構成を考える―	
8	月　　日（　）	大学生活を産すぶ　その3（第7章） ―ポスターを作成する―	
9	月　　日（　）	大学生活を産すぶ　その4（第7章） ―ポスターを完成させる・リハーサル―	
10	月　　日（　）	大学生活を産すぶ　その5（第7章） ―ポスターをクラスで発表する―	
11	月　　日（　）	大学生活を産すぶ　その6（第8章） ―チーム活動を振り返る―	固定チーム活動終了
12	月　　日（　）	大学生活を産すぶ　（第9章） 「私の大学生活」発表（前半） ―スピーチ体験とフィードバック―	スピーチ原稿提出

| 13 | 月　　日（　） | 大学生活を産すぶ（第9章）
「私の大学生活」発表（後半）
—スピーチ体験とフィードバック— | **Reflection Note** 提出 |
| 14 | 月　　日（　） | 今期授業の振り返り（第10章）
—今後の大学生活に向けて— | **Reflection Note** 返却 |

※日程は自分で記入しましょう。

00-08　準備ワーク

　　あなたの通う大学について、「どんな大学」であるか他の人に紹介するよう頼まれたら、ど
んな風に説明しますか？　次の設問について、自分の通う大学のホームページなどから情報
を収集して答えてみてください。また、それらの情報を使って、自分の通う大学について、
後輩や知人・友人等の第三者にわかりやすく説明してみましょう。

Q1. 大学の正式名称は　　　＿＿＿＿＿＿＿＿＿＿＿＿＿＿＿＿＿＿＿＿

Q2. 大学が開学したのは　　　＿＿＿＿＿＿＿＿＿＿年

（特徴・成したこと）　　　　　　　　　　　　　（名前）

Q3. 大学の創設者は、　　　＿＿＿＿＿＿＿＿＿＿である＿＿＿＿＿＿＿。

Q4. 大学は　　　　　　　＿＿＿＿＿＿＿つの学部が設置されている。

　　　学部・学科は、具体的には、＿＿＿＿＿＿＿＿＿＿＿＿＿＿＿＿＿＿がある。

Q5. 大学を卒業するには、次の要件を満たす必要がある。

大学の学士授与の基準（「学位授与方針」・「ディプロマポリシー」）について調べ、下の
欄に書き込みましょう。

Part I
自分を知る
さまざまな活動と情報を基に

01

オリエンテーション
自己表現とフィードバックで
お互いを知りあう

01-01　この授業の到達目標

「大学とはどのような場か？」と聞かれて、真っ先に思い浮かべて欲しいのは、「『あなたにとっての答え（あなたの考え）は何か？』と問われる場所である」、ということです。

あなたは、何をどのように調べ、どのようなことを「正しい」であるとか、「妥当である」と信じる人なのでしょうか？　何を好ましいと感じ、何を好ましくないと感じる人なのでしょうか？

初回の授業（本章）では、「自分はどんな人であるのか」を表現しあう簡単なワークを行い、大学生活に入る肩ならしをしていきます。同時に、クラスメンバーに「どんな人がいるのか」を知りあう機会にもなるでしょう。あまり緊張せず、まずは肩の力を抜いてトライしてみましょう。

- 授業の概要とルールを理解する
- 自分のことを表現しあう（自己表現しあう）ワークに慣れる

01-02　ワークの進め方

①個人ワーク

Work ①（☞ **Work Book：2頁**）の欄に、「自分を漢字1字で表すとしたら、どんな漢字が良いか」を考えて、向かい合う相手に見せたときに相手が読めるよう、大きく書き込んでください。できればマーカー等を用いて書き込むのが良いでしょう。

大きく一文字書けたら、その下に「氏名（フリガナ）」「学部」を書き添えてください。空いているスペースに、趣味についての簡単な紹介も書き加えてください。時間が余ったら、イラストなどを添えてもよいですね。

②ペアワーク

　さっそくプレゼンテーションを始めましょう。**Work Book** とペン１本を持って立ち上がってください。教室を自由に歩き回り、自分の「ペア」となる相手を見つけましょう。ペアがみつかったら、挨拶し、どちらから「字」己紹介を始めるかを話しあって決めましょう。

　先に「字」己紹介をする人が決まったら、プレゼンテーションタイムです。「＊＊学部の＊＊と言います。趣味は＊＊です。私は「＊」という字を選びました。なぜなら……」等と、学部、氏名、選んだ「字」について、ペアにわかりやすく説明してください。

　聞き手は、話し手に関心を向けながら聞きましょう。聞き終わったら、相手の印象、話しぶりや、選んだ字について、感想を一言フィードバックするようにしましょう。

　最後に、お互いのプレゼンテーションが終わったら、お礼を言いあい、**Work Book** を交換します。自分のフルネームをお互いの **Work Book** の **Work** ①の空いている箇所に署名しあいましょう。

　署名しあえたら、次のペアを見つけるため、再び教室を歩き回りましょう。さぁ、時間内に何人のメンバーと、「字」己紹介できるでしょうか？

③個人ワーク

　Work ②（☞ **Work Book**：３頁）に、クラスメンバーから言われた言葉、自分の言葉や振る舞いで記憶に残ったことを記入しておきましょう。

●授業の終わりにチェック

- [ ] 本科目の概要とルールを理解した
- [ ] 自己表現しあうワークに慣れた

02 対話を通して自分を知る

自分が人生で大切にしてきたことを省察する

02-01　この授業の到達目標

　この授業のゴールは、「自分の大学生活に、自分なりの『方針』を持つ」ことです。では、あなたが大学生活で重視したいことは、一体どのようなものなのでしょうか。

　初回の授業（第1章）では、「自分のことを表現しあう」ことに慣れました。第2回（本章）では、もう少し踏み込んで、自分のことを、多人数のグループで表現しあって見ましょう。

　自分が重視していること、他者と比べてそれほど重視していないことを、対話を通じて検討するためのワークを行います。同時に、言葉にはできない（言語化されていない）自分についての印象をフィードバックしあうワークを行います。

　これらによって、「自分の大学生活についての『方針』」がどのようなものになりそうか、その土台となる情報を得ましょう。

- ●自分が大学生活に関して重視していることを表現する
- ●普段は言語化されない、自分が他者に与えている印象について知る
- ●グループで真面目な対話を進められる

02-02　ワークの進め方

①グループ分け

1グループ5～6名のグループを作成し、声を出さずにグループの座席に静かに着席します。

②個人ワーク「第一印象ワーク：インプレッション編」

Work ①（☞ **Work Book**：4頁）を使用します。グループメンバーを、声を出さずに見回し、

自グループの各座席番号に座っている人の第一印象について、最も強く感じた印象に「◎」を一つ、次に強く感じた印象に「○」を一つつけてください。どの欄に、どの人の印象を書き込むかについては、座席番号を提示しますので、参考にしてください。Work ①の項目に挙げられていない印象を感じたときには、下の「コメント欄」にメモしておきましょう。

　教員または学生ファシリテータの合図で、お互いに話をしてもOKになります。合図が出たら自己紹介をして、Work ①の氏名欄にお互いの氏名を書き込みましょう。

③個人ワーク「価値観ワーク：私が大学生活で重視したいことは何か？」

　Work ②（☞ Work Book：6頁）を使用します。あなたが、大学生活においてやってみたいことを直感で何個でもチェックしてください。選択肢にないものは、思いつく限り各カテゴリに追加して記入してください。あなたの大学生活の「方針」を考えるうえでの基礎的な情報になります。

　十分、網羅的に挙げきったと思えたら、チェックした項目のうち、特に重要だと思うものを1～3項目選び、マーカーで印をつけるか、色ペンで下線を引いて強調してください。

④個人ワーク「価値観ワーク：私が大学生活で重視していることの関係図」

　Work ②に、あなたが大学生活で重視していることが現れてきました。

　そのうち、ただ一つだけ最も重要なものを選ぶとしたら、何を選びますか？　それを達成するために必要だから重視していることと関連づけ、Work ③（☞ Work Book：7頁）に、図や文で書いてみてください。

　価値観には正解はなく、日々変化するものですので、「今の瞬間、思いつくのはこんなイメージ」といった気持ちを大切に、思い切って描いてください。時間が余った場合は、次のグループワークでの発表時に、メンバーがあなたの大学生活のイメージを理解しやすいよう工夫しましょう。イラストを入れたり、色ペンでデコレーションしたりするのもよいでしょう。

例）
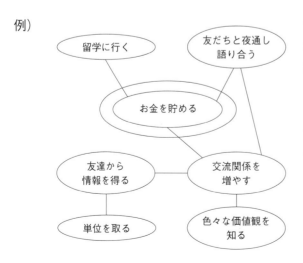

⑤グループワーク「私が大学生活で重視したいこと」

さぁ、いよいよ共有です。**Work**③に書き込んだ図や文章をグループメンバーに見えるように提示しながら、自分が大学生活で最も重視したいことと、その手段として重視していきたいことについて、関係を解説してみましょう。グループメンバーの発表を聞く中で、思いもよらない価値観に出会えるかもしれません。

⑥個人ワーク「第一印象ワーク：リフレクション編」

授業の冒頭では、グループメンバーのことを知らない状態で、**Work**①にそれぞれの第一印象を記録しました。価値観ワークを通じて、少し踏み込んでメンバーのことを知った今、それぞれの印象を再評価すると、どのようになるでしょうか。

Work④（☞ **Work Book**：5頁）に、今、最も強く感じている印象に「◎」を一つ、次に強く感じている印象に「○」を一つ付けてください。**Work**④の項目に挙げられていない印象を感じたときには、下の「コメント欄」にメモしておきましょう。

⑦グループワーク「第一印象ワーク：フィードバック編」

Work①と④を使用し、まず、座席番号1番の人についてのみ、メンバー全員から、**Work**①のときと、**Work**④のときとの印象についてフィードバックしていきます。「ワーク前の＊＊さんは、最初『＊＊』という印象を最も強く、次に『＊＊』という印象を強く感じました。……というところから、そんな風に感じました。ワーク後では、『＊＊』が◎、『＊＊』が○になっています。……という発言と、……という話し方から印象が変化しました」というようにコメントしましょう。1番の人について、全員がコメントを終えたら、2番の人へのフィードバックに移ります。3番の人、4番の人……と、グループメンバー全員について順番に、全員からコメントします。

価値観ワークを通じて、第一印象から大きく印象が変わった人、変わらない人がいるかもしれません。話をする前の第一印象を、こうして言葉でコメントされる機会はなかなかありませんので、メンバーからのフィードバックは、**Work**⑤（☞ **Work Book**：5頁）にメモを取りながら聞きましょう。

●授業の終わりにチェック

☐ 自分が大学生活に関して重視していることを表現した

☐ 普段は言語化されない、自分が他者に与えている印象について知った

☐ グループで真面目な対話を進められた

03 大学生活について考える

先輩に聞く大学での学び方

03-01 この授業の到達目標

第1回、第2回の授業では、「自分のことを表現する」ことに、段階的に取り組みました（☞第1章・第2章）。いったん、ここで「自分のことを表現する」ということから離れてみましょう。自分の大学生活において「方針」を持つためには、「そもそも大学生活における学び方・過ごし方には、どのようなものがあるのか」を先輩から聞くことは有意義でしょう。

第3回（本章）では、「大学生活」に関する情報を、身近な先輩に経験談を聞くことで増やしていきます。この後、第5回では先輩社会人に（☞第5章）、オンデマンド授業回では身近な社会人へと聞き取りの範囲を広げていきます（☞第6章）。共通して各自の得た情報をグループメンバーと共有します。先輩から得られる経験談は、グループ内で共有することでさらに広がりや深みをもたらします。

このような取り組みで得られるさまざまな情報は、自分の大学生活についての「方針」の明確化に役立ち、具体的な大学生活のイメージを持つことにつながるでしょう。

- 大学での「学び方」について先輩の考えを知る
- グループメンバーに対し、自分の学びや気づきを共有する

03-02 ワークの進め方

①グループ分け

1グループ5〜6名のグループを作成し、グループごとに着席します。

②グループワーク「ヒアリングの準備」

グループメンバーで、自己紹介しあってください。自己紹介の際は、第1回や第2回で感

じたことを共有するのもよいでしょう。

その後、今回の座談会で発表する先輩方の「フラッシュ・トーク」を聞きます。「フラッシュ・トーク」では、各先輩がどのような「大学での学び方」を紹介するのかについて、1分間で概要が説明されます。「フラッシュ・トーク」を踏まえたうえで、話を聞くポイントや質問を考えます。聞いた話やそれを通して考えたことをグループメンバーで共有することで、さらに自分の考えを深められます。

座談会では、最低2人の先輩に話を聞きます。「どの先輩の話を聞くのか」「先輩にどんな話を聞こうと思うのか」「先輩にどんな質問をするのか、それはどんな理由からか」について、グループ内で共有しておくことで、学びの質を高めることできます。

Work①（☞ Work Book：8頁）に座談会を行う各先輩の学部、学年、氏名を記入してください。

また、下記のPointを参考に、自分が担当する先輩に対する質問を少なくとも一つは考え、Work①のメモ欄に記入しておきます。グループの中で、質問が思いつかず、苦労しているメンバーがいるときは、一緒に質問のアイデア出しをしましょう。

> **Point**
> ● クローズドクエスチョン：相手が、2択、3択等で答えられる問いかけ
>   ・プライベートの用事と授業では、どちらを優先していますか？（2択）
>   ・友達と、受ける授業について一緒に考えますか？（Yes／No）
> ● オープンクエスチョン：相手が、自由に答えられる問いかけ
>   ・どんな人と授業を受けるようにしていますか？
>   ・卒業後、役立つのはどんな授業だと思いますか？

よい質問を考えることは、自分自身の考えを深めるためにも重要！
先輩方の懐(ふところ)に飛び込んでみよう！

③個人ワーク「座談会①」

1回目の座談会が始まります。先輩とじっくり話す機会が、次にいつあるかわかりません。自分やグループメンバーにとって、参考になる情報を得るため、積極的に質問しましょう。先輩の話の内容、先輩の印象、自分が質問したことなど、自分の気づきや学びをWork②（☞ Work Book：9頁）にメモしましょう。「メモしながら聞く」ことは、大学での学びの基本的なスタイルの一つです。「書きながら聞く」ということに慣れていない人も、今のうちに慣れてしまいましょう。

④グループワーク「座談会①の共有」

　1回目の座談会において自分にとって重要だったことや、率直な感想をグループに戻って共有しましょう。メンバーの話から気づいた点、学んだ点は、**Work** ③（☞ **Work Book**：9頁）にメモしましょう。共有が終わったら、「参考になった」「よい情報だった」等のコメントや感謝の気持ちをフィードバックしましょう。また、うまく情報を集められずに苦労しているメンバーがいたら、自分が聞きにいった座談会で有効だった質問などを共有しましょう。

⑤個人ワーク「座談会②」

　③と同様に行います。**Work** ④（☞ **Work Book**：10頁）を使い、メモしましょう。

⑥グループワーク「座談会②の共有」

　④と同様に行います。**Work** ⑤（☞ **Work Book**：10頁）を使い、メモしましょう。

●授業の終わりにチェック

☐ 大学での「学び方」について情報を得た

☐ グループメンバーに対し、自分の気づきや学びを共有できた

04 自分の「今」を表現する

文章と図で今の自分を表してみよう

04-01　この授業の到達目標

　これまでの授業では、クラスメンバーとお互いに自己紹介をしあい、自分が人生で大切にしてきたことや価値観について対話しました。また、先輩方のお話を聞いて参考にし、「自分の大学生活」をどう過ごすかというイメージを具体化してきました。これからあなたがどのような大学生活を産み出したいかを考えるときに、自分自身をより深く知ることがその基盤となります。第4回（本章）では、大学生活の基盤となる「今、ここにいる自分自身」について文章と図で表現し、表現しあって理解を深めましょう。自分の状態を知り、それを受け入れることは、自尊感情を高め、自分自身が納得感を持てる態度や行動をとる助けになります。

> **Point**　自尊感情とは？
> 自分自身に対する肯定的な感覚を意味する言葉で、「自分はこれで良い」と思うことや考え方です。自尊感情尺度を開発したローゼンバーグによれば、自尊感情は「他者よりも優れている自分」や「完全・完璧な自分」という意味ではなく、自分の価値基準に照らし合わせて自分を受け入れて、自分自身を良いものとして尊重する考え方であるとされています。

　今の自分のあり方や自分に対して感じていることを、図と文章の表現を通じて見つめ直し、これからの大学生活をどう過ごしたいかをより明確に考えることが目標です。ワークを通じて「自分のあり方についての理解を深める」ことが大切であり、良いとか悪いといった判断をしないように注意しましょう。みなさんの大学生活は、これからみなさん自身が産み出すのです。

- グループでの対話を通じて自分のあり方と周囲の環境について理解を深める
- 「自分自身が納得できる大学生活とはどのようなものか」をイメージできる

04-02 ワークの進め方

①グループ分けと自己紹介

　1グループ5〜6名のグループを作成し、着席します。グループ内で簡単に自己紹介をしましょう。氏名、学部、学科と、これまでの授業の感想を一言述べます。

②個人ワーク「『私』を文章で表現する」

　これまでの授業を参考にして、今、自分自身に対して感じていることを **Work** ① （☞ **Work Book**：12頁）になるべく率直に書いてみましょう。書いた内容は、後でグループ内共有をしますから、言いたくないことは書かなくてよいですし、自分の発表として差し支えのない範囲で表現してください。

③ペアワーク「自分自身のことを口頭で発表しあってみる」

　グループ内で2名（もしくは3名）のペアをつくり、**Work** ① （☞ **Work Book**：12頁）について口頭で発表しあいます。話し手と聞き手を決め、聞き手は話し手の発表に対してうなずいたりあいづちを打つなどの反応を返しながらしっかりと聞きましょう。発表が終わったら、話し手が話した内容を掘り下げる質問をしましょう。「なぜそれが好きなのか」「なぜそれを続けているのか」「なぜそう考えたのか」「なぜそれをすると楽しいのか」「それのどこに興味を惹かれたのか」等です。1回終わったら、次に話し手と聞き手を交代して同じワークを行います。

④個人ワーク「『私を取り巻く環境』を図で表現する」

　次に、今、自分を取り巻く環境を **Work** ② （☞ **Work Book**：13頁）で表現してみましょう。枠の中央には、みなさん自身である「私」がいます。

　はじめに、今の「私」と関係のある「人」を ◯ （楕円）で示して名前を書き入れ、関係を図で表します。名前は「父」「母」「兄弟」「高校2年生のときの担任の先生」「塾の先生」「クラブの先輩」「アルバイト先の友人」のように、**固有名詞・個人名を使わずに書いてく**ださい。「私」との関係（会う頻度や過ごす時間の長さ）が近いか遠いか、自分に影響を与えているかどうかを判断しましょう。関係の強さは「私」との間の距離で示し、影響の大きさはその「人」を表す ◯ の大きさで示します。例えばたまにしか会わないけれど、あなたに大きな影響を与える人は、あなたから遠く離れた位置に、大きな ◯ を書いて表わします。

次に、今の「私」にとって大切な「もの・こと・場所」を □ で示して名前を書き、関係を図で表します。たとえば「もの」ならば「ギター」「洋服」「本」「スマホ」等、「こと」ならば「英語のクラス」「サークル活動」「アルバイト」等、「場所」ならば「図書館」「食堂」「部室」等、が挙げられます。なお、「もの・こと・場所」の三つすべてを書く必要はありません。あなたとの関係性、あなたに与える影響の大きさで何を書くかを判断してください。

⑤グループワーク「『私を取り巻く環境』を言葉で表現する」

　グループ全員で輪になり、**Work**② (☞ **Work Book**：13頁) について口頭で発表しあいます。内容は、自分に影響を与えている人・もの・こと・場所や、自分が大切にしている人・もの・こと・場所、そして私はそれらからどのような影響を受けているのか、どのように支えられているのか、についてです。話し手以外は聞き手として、話し手を見ながらうなずいたりあいづちを打ちながら、話をしっかりと聞きましょう。発表が終わったら、聞き手は、話し手が表現した内容を確かに受け止めた、という意思を示すために拍手を送ります。これを全員が発表し終わるまで繰り返します。

⑥個人ワーク「これからの私、これからの大学生活を文章で表現する」

　最後にこれからの自分のあり方や大学生活のイメージを、**Work**③ (☞ **Work Book**：14頁) に書きましょう。

⑦グループワーク「感想の共有」

　グループ全員で輪になり、**Work**③について発表し、感想を一言ずつ述べあいます。今日のワークを通じて感じたことを、率直に話しましょう。
　気づいたことがあれば、**Work**④ (☞ **Work Book**：14頁) にメモしましょう。

●授業の終わりにチェック

☐ グループでの対話を通じて自分のあり方と周囲の環境について理解を深めた

☐ 「自分自身が納得できる大学生活とはどのようなものか」をイメージできた

05 社会人生活を調査する

社会人の先輩に聞く：
大学と社会を産すぶ私の大学生活

05-01　この授業の到達目標

　先輩社会人の話を聞き、「大学生活が社会人生活にどう役立っているのか」について情報を収集し、自分の大学生活をどのような時間にしたいか、より具体的に考えられるようになることを目指します。

　第3回では、在学中の先輩から「大学生活の過ごし方・学び方」というテーマで話を聞きました（☞第3章）が、今回は、大学を卒業した社会人の先輩から直接話を聞くことで、自分が過ごしたい大学生活のイメージをさらに深化させましょう。

　「自分の大学生活が社会人となったとき、どのように役立つのか」を想像しながら聞くことで、これからの大学生活での取り組みに対する方向性について、具体的に考える機会になります。

　先輩社会人の考え方・価値観と自分自身との共通点や違いを検討しつつ、メモを取りながら話を聞きます。さらに自分の感想や考えをグループ内で共有することで深掘りしたり、疑問点は直接社会人に質問したりして、自分のこれからの大学生活のイメージを具体化するのに役立てましょう。

- ●「大学生活が社会人生活にどう役立っているのか」について情報を得る
- ●自分の大学生活をどのような時間にしたいか、より具体的に考えられるようになる

05-02　ワークの進め方

①グループ分け

　1グループ5〜6名のグループを作成し、グループごとに着席します。

②自己紹介

　グループメンバーで、自己紹介しあってください。「所属学部」「名前」に加え、「今の自分の大学生活のイメージを表すキーワード」や「自分が持っている社会人のイメージに関するキーワード」について話すのも良いでしょう。

③フラッシュトーク

　社会人ゲストの方の「フラッシュ・トーク」を聞きます。「フラッシュ・トーク」では、各ゲストの①自分の大学生活を代表する活動は何か、②今、なさっている仕事は何か、について概要を知ることができます。

　「フラッシュ・トーク」は、**Work**①（☞ **Work Book**：16 頁）に各ゲストのご所属、お名前などを記入しながら聞いてください。

④先輩社会人の体験談

　忙しい社会人の先輩のお話を聞く機会はとても貴重です。自分の学生生活の参考となる情報を得られるよう、先輩の話の内容、先輩が大学生活で学んだこと、感じた疑問点や相違点などを、**Work**②（☞ **Work Book**：17-18 頁）にメモしながら聞きましょう。「メモしながら聞く」ことは、大学での学びの基本的なスタイルの一つです。「書きながら聞く」ということに、今のうちに慣れておきましょう。

⑤グループワーク「感想の共有」

　自分の感想や疑問点をグループ内で共有しましょう。メンバーの感想や考えが参考になったら、「参考になった」「自分には気づかない良い視点だった」等のコメントや感謝の気持ちをフィードバックしましょう。

⑥個人ワーク「質問の洗い出し」

　下記の **Point** を参考にしながら、先輩に対する質問を最低三つは考え、**Work**③（☞ **Work Book**：18 頁）のメモ欄に記入し、優先順位を決めておきます。

　テーマは、「大学生活が社会人生活にどう役立っているのか」です。先輩の考えと自分の考えの相違点を明確にしながら、どう聞けば先輩社会人から有効な情報を引き出すことができるか考えましょう。

Point

● クローズドクエスチョン：相手が、2択、3択等で答えられる問いかけ

　・プライベートと仕事ではどちらが優先ですか？（2択）

　・学生の頃はサークルには所属されていましたか？（Yes ／ No）

　・何か副業はされていますか？（Yes ／ No）

● オープンクエスチョン：相手が、自由に答えられる問いかけ

　・本学出身で良かったなと思っていることは何ですか？

　・社会に出て自立するために重要なことは何だと考えていらっしゃいますか？

　・ご自身の大学生活のどんなところが社会人生活に役立ったと思われますか？

⑦グループワーク「質問の検討」

　Work ③（☞ **Work Book**：18頁）に個人ワークで書き出した質問を共有し、出た意見や疑問点を整理し、質問できるようにグループで準備します。

⑧質疑応答

　グループの代表は、挙手して先輩社会人に質問を行います。

　所属学部と名前を名乗ってから、質問内容とその意図をわかりやすく伝えましょう。回答に対してはお礼を言いましょう。

●授業の終わりにチェック

☐　「大学生活が社会人生活にどう役立っているのか」について情報を得た

☐　自分の大学生活をどのような時間にしたいか、より具体的に考えることができた

06

自分の周りの仕事世界を調査する

社会人へのキャリアインタビュー・レポート

06-01 　レポート執筆のために

【課題】キャリアインタビュー・レポート

　身近にいる大人の方に、働くことや人生に関するインタビューをしてみましょう。インタビューする相手（インタビュイー）は、社会で働いている人あるいは働いていた人で、ぜひ話を聞いてみたいという人にインタビューしてください。家族、親戚、高校や塾の先生、アルバイト先の方、大学の教職員、地域で活躍している方……などが考えられますね。

　しばらくお会いしていない人はもちろん身近な人であっても、インタビュイーをお願いするときには、必ず①インタビューをさせてもらう日時のアポイントをきちんと取り、②事前にインタビューの質問計画をつくり、③インタビュイーのプライバシーに配慮してください（個人が特定できないように留意すること）。

　アポイントを取る際には、インタビューの目的と内容を伝え、日時や場所を確定し、大学の授業における課題のレポートにインタビュー内容を使用することを伝えてください。

　質問計画では、下記のように自分の独自質問を含めて、全6質問は必ず実施してください。インタビュー中に興味を持ったことがあれば、追加質問をしてもよいですが、事前に伝えていた時間をオーバーしてインタビュイーに迷惑をかけることのないように配慮してください。調査目的であっても、何を聞いても許されるわけではありません。「差し支えない範囲でお答えください」と前置きしてからインタビューを始め、節度を守って実施してください。インタビューした内容をレポートにまとめます（**Work** ①、②（☞ **Work Book**：20-21 頁））。

❶インタビュイーが皆さんと同年代だった頃の話を聞いてみましょう。「どのような学生生活を送っていましたか？」「その年頃のとき、将来はどのようなことをしたいと考えていましたか？　なりたい職業は決まっていましたか？」といった質問が考えられます。

❷社会に出たばかりの頃の話を聞いてみましょう。「最初の仕事を選んだきっかけを教えてください」「仕事を始めてみて驚いたことや感心したことは何ですか？」「働く前に想像していたことと違ったことは何でしたか？」といった質問が考えられます。その際、指導を

受けた話や、知識や経験が足りずにうまくいかなかった話などを聞くと、働く現場をより理解しやすくなります。

❸インタビュイーが、これまでどんな努力をしてきたか聞いてみましょう。「いままで一番苦労したことや、大きな達成感を得た経験を教えてください」というような質問も良いでしょう。そうした経験には、自分が決めた目標に向けて努力した場合と、偶然起こったことに対して懸命に対処した場合の両方があると思われます。それぞれについて（あるいはどちらか）聞いてみましょう。

❹インタビュイーのこれまでの人生における「転機（人生が変わるきっかけや節目）」を聞いてみましょう。「人生が大きく変わった経験やそのきっかけとなった出来事を教えてください」などの質問が考えられます。そして「なぜ、そのようにしようと思った（せざるを得なかった）のですか？　その時の気持ちはどのようなものでしたか？」と質問を追加して、転機となった経験がその後の人生にどのように影響していったのかを聞いてみましょう。転職経験のある人には、なぜ転職を決めたのか、その理由も聞いてみましょう。

❺独自質問を自分で考え、聞いてみましょう。

❻インタビューの締めくくりとして「これからの人生の目標を教えてください」という質問をしてみましょう。そのうえで、「ご自身の20歳前後の頃を思い返したうえで、私たち（現在の学生）へのアドバイスをお願いします」とお願いしてみましょう。

06-02　このワークの到達目標

　これまで、自己理解をさらに深めるワークに取り組み、卒業生の社会人から大学生活について情報を収集してきました。

　オンデマンド授業回（本章）では、教室に来るゲストではなく、大学外で収集した情報についてレポートを作成し、社会に出るまでの大学生活をどのように過ごすべきかについて、考えを深めます。

　次の Part Ⅱ では、チームをつくって表現する活動とその振り返りを行います。本科目も半分が終わり、折り返し地点となりました。

　どのような大学生活を送りたいか、自分なりの方針はみえてきましたか？

●多様な生き方・価値観について知り、大学生活の意義をより多角的に捉える
●自分の価値観とインタビュイーの価値観との共通点・異なる点について表現する

06 自分の周りの仕事世界を調査する

●レポート提出時にチェック

☐ 多様な生き方・価値観について知り、大学生活の意義をより多角的に捉えた

☐ 自分の価値観とインタビュイーの価値観との共通点・異なる点について表現できた

Part I

Part II

Part III

Part II
チームをつくり協働する
私たちが考える「大学生活の楽しみ方」

07 チーム活動と ポスターセッション

07-01 この授業の到達目標

　第6回から第11回の授業では、固定したチームメンバーで、ポスターセッションに向けて活動していきます。一つのミッション達成に向けてチームで活動することを通して、次のことを目指します。

- 「チーム」という小社会の中で、自分なりの方針を持って行動できる
- 「チーム」という小社会の中で、自分なりの役割を見つけ、参加できる

　その際、これまでのさまざまなグループにおけるワーク経験を活かして、以下のことをよく考えながら、活動してください。

❶ どのように自分は「このチーム」に貢献したいか／すべきか
❷ 「このチーム」から何を学びたいか／学ぶべきか

　何もかも、自分が「よい」と思うようには活動を進めることはできません。メンバーそれぞれ違った価値観を持っているはずです。メンバーのよい部分に注目し、それぞれが特技や性格を活かして、調査し、一つのポスターを創りあげるには、どうしたらよいでしょうか。

　自分が「こうしよう！」と思うことがうまく進められない場合は、どうすれば、「このチーム」で、あなたのアイデアを活かしながら、うまく進めることができるでしょうか。

　このチームは小さな社会です。どう考えるべきか、行動すべきか。答えは誰も知りません。一人で悩みを抱え込まずに、時には人に相談することも必要かもしれません。自分なりによく考えて対応し、最高のポスターを創りあげて発表を楽しみましょう。

07-02　ワークの進め方

①チーム分けとアイスブレイク

　1チーム5～6名のチームを作成し、着席してください。このチームは、全6週間ワークを共にする仲間です。着席したら、ただちに自己紹介を行い、**Work** ①（☞ **Work Book**：23頁）に全員のフルネーム、チーム番号、連絡先を記入しましょう。連絡先は、必ず **Work Book** にもメモします。大学から付与されるメールアドレスを用いる、teams を使用する等、メンバー全員がストレスのない方法で連絡を取りあえるように工夫しましょう。また、自己紹介、連絡方法の確認の後は、今後の活動を円滑に進めるために、さまざまなアイスブレイクを行ったうえでグループワークに入ります。

②グループワーク「ポスターセッションに関する情報の確認」

●ポスターセッションについて

> **Point**　ポスターセッションとは？
> 学会やワークショップ、展示会等で、発表内容をポスターにまとめ、ポスターの前に説明員（ポスターに掲載されている内容に関して説明可能な人）を配置する発表形式です。
> 発表時間と質疑応答時間が設定された口頭発表とは異なり、ポスターセッションでは、興味のある人が展示されたポスターの前に自由に足を止め、説明員と直接質疑応答できることが特徴です。ポスターは説明員がいなくても、ポスターを見るだけで発表内容の概要がつかめる構造になっていることも利点です。

●パワーポイントを用いてデータを作成し、A4用紙8枚分（A1サイズ）の面積にレイアウトしてチームで発表します。

全体テーマ：「大学生活を楽しく、かつ有意義なものにするにはどうしたら良いか」

　大学生活を楽しく有意義なものにするには、どうしたら良いでしょうか。同じ大学の仲間に対して、きちんと根拠を示しつつ、ポスターの形で提案することを目指し、全6週間にわたってチームで活動します。同じ大学の仲間が知りたいと思うであろう提案を導き出すために、きちんとした根拠・情報やデータに基づいて発表を構成してください。

ポスターは、次の4点から構成されます。

❶ポスター全体の「問い（調査テーマ）」の決定
❷調査方法の決定（どのような調査を、いつ、誰が行うのか）
❸調査結果の分析
❹チーム独自の結論

「うちの大学ってそうなんだ！」「それは知らなかった！　おもしろい！」と、教員も含め、聴衆をアッと言わせるものに仕上げてみましょう。たくさんの学生を自チームのポスターに釘づけにしてください。「つくればいい」という感覚で作成すると、作業自体がメンバーにとって、苦痛になってしまいます。自分たちが興味関心を持ち、楽しんで取り組めば、自然と面白い内容になり、クオリティが向上します。チームメンバー全員で工夫してみましょう。

③グループワーク「テーマ決め」

「問い（調査テーマ）」は、各チームで意見を出しあい、質問の形で作ります。**Work**②（☞ **Work Book**：23頁）にまとめましょう。

その際、留意すべき点は以下の2点です。

❶自分達が楽しんで取り組め、かつ、同じクラスの受講生が聞いて興味を惹かれ、意義深いと思えるような「問い」をつくること
❷その「問い」が、同じクラスの受講生にとって納得出来るような形で解かれること

この二つが両立するようなポスターを仕上げてください。

例：「一年次生が取るべき上位3科目（学部別）は何か？」「＊＊な学生にオススメのクラブ・サークルは何か？」「本学の学生がリラックスして学べる場所上位3カ所はどこか？」「本学の学生がはつらつと過ごすために工夫していることは？」「学園祭を100％楽しむためにすべきことは何か？」

例にとらわれず、ユニークな「問い」を立ててください。

④グループワーク「調査方法の決定」

　各チームで調査方法を決めてください。ただし本授業は対話を重視するため、調査はキャンパス内での対面調査で実施してください。YES/NO ボードを持って路上に立ち、シールで投票する形式、質問項目を整理したシートを持ち、2分程度で聞き取りを行う形式、施設の利用者数や時間、方法などを観察して記録する形式、関係者にインタビューを行う形式などさまざまな調査方法が考えられます。これらを組み合わせ、説得力のある根拠を得ましょう。また、全メンバーがなんらかの調査を担当するようにしてください。作業をバックアップしあう必要があるので、2～3名で一つの調査を担当してください。分担者と調査内容、手法が決まったら、Work ③（☞ Work Book：23 頁）に書いてください。

調査方法について、わからないことがあれば、教員・学生ファシリテータに質問しましょう。

⑤グループワーク「調査結果検討のスケジュール決定」

　調査結果について、各担当者からチームメンバー全員に報告する日程をあらかじめ決めて Work ④（☞ Work Book：24 頁）に書いてください。最後のポスター発表では、全メンバーが、チームで行った全調査について説明員を担当します。どの調査について、どんな質問をされても、全メンバーが答えられるように準備してください。

⑥グループワーク「今後のスケジュールの確認」

　ポスター発表に向けた授業スケジュールの全体は、以下の通りです。チームによって活動の進捗状況に差が生じることは当然です。しかしながら、余裕をもって活動するために、ポスター発表の日から逆算して今すべきことをチームメンバー全員で決めて、常に情報を共有するよう心がけてください。

【第6回】大学生活を産むすぶ　その1―チームメンバーと知りあう―
新たなチームをつくり、統一テーマに取り組みながら、相互理解の場をつくっていきます。
【第7回】大学生活を産むすぶ　その2―ポスター発表のテーマ・基本構成を考える―
統一テーマにそって、ポスター発表のテーマ・基本構成を考えます。

07 チーム活動とポスターセッション

【第8回】大学生活を產すぶ　その3―ポスターを作成する―
テーマ・基本構成に基づきポスターを作成します。 調査内容を持ち寄り、ポスター原案を構成し、教員や学生ファシリテータから助言を受け、以下を行います。 ・不足しているデータの確認 ・全体の整合性の確認 ・効率よくデータを提示するレイアウトの検討 各種調査結果はグラフや表などになっており、結論として何を言えるデータなのかが、はっきりしている必要があります。
【第9回】大学生活を產すぶ　その4―ポスターを完成させる・リハーサル―
チームごとにポスターを完成させ、説明員役と聴衆役に別れてリハーサルを行い、以下の点を確認します。 ・説明に無理が無いか ・全員が説明員として十分な説明ができるようになっているか ・質疑応答対策はできているか
【第10回】大学生活を產すぶ　その5―ポスターをクラスで発表する―
クラス内でポスター発表をします。
【第11回】大学生活を產すぶ　その6―チーム活動を振り返る―
5週間にわたる発表準備と発表についてチームメンバーで振り返り、気づき・学びを得ます。

◎ポスター完成のためのヒント
大学には、さまざまな学生・教員・職員が存在します。行き詰まったとき、作業が時間内に間に合いそうにないときは、クラスを担当する学生ファシリテータ、担当教員はもちろん、学内の相談窓口に尋ねてみましょう。大学のラーニングコモンズ、図書館や情報センターなどもオススメです。

●授業の終わりにチェック

☐ 「チーム」という小社会の中で、自分なりの方針を持って行動できた

☐ 「チーム」という小社会の中で、自分なりの役割を見つけ、貢献できた

08 チーム活動の振り返り

08-01 この授業の到達目標

　第6回から第10回までの授業（第7章）では、固定チームでポスターセッションに向けて活動しました。「チーム」という小さな社会、小さな大学の中で、自分なりの方針を持って行動し、自分なりの役割を見つけて貢献しました。それは、どんな方針で、どんな役割だったのでしょうか。

　共に5週間の活動を終え、貢献しあった仲間たちは、それぞれが、どんな方針を持って行動しているようにみえたのか、どんな役割を果たしあっていたのか、省察しましょう。主観的にも客観的にも振り返り、言葉にして互いにフィードバックしましょう。自分が気づいていないところで、期待されていた役割を果たしていたかもしれませんし、自分が思わぬファインプレーをしていたということもあるかもしれません。

　方針と役割を中心にこれまでの活動を振り返り、学びとったものを「棚卸し」してみましょう。それらを、どのように今後の大学生活にどのように活かすことができるでしょうか。今の自分が持つ当面の方針について、メンバーに表明してみましょう。

　最後に、共に過ごした仲間に対し、互いの今後の大学生活に、エールを送りあいましょう。

- ●「チーム」という小社会の中で自分がとった方針、果たした役割を主観的・客観的に把握している
- ●「チーム」という小社会での活動を振り返り、今後の大学生活にどのように活かすかについて方針を持っている

08-02 ワークの進め方

①グループ着席

第6回で決定したチームメンバーで、チームごとに着席します。

②個人ワーク
「チーム活動を振り返り、果たした役割と自分の方針を言語化する」

これまでのチーム活動を振り返り、自分の気持ちや考え、果たした役割等、自分の方針を、**Work** ①から **Work** ⑤（☞ **Work Book**：26-28 頁）の質問にそって記入しましょう。

③グループワーク「共有とフィードバック」

Work ①から **Work** ⑤で記入した内容について、一人ずつ、発表していきます。発表中、聞き手のメンバーは、自分にとって参考になりそうなことや気づいたことについて、**Work** ⑥（☞ **Work Book**：28 頁）にメモします。一人目の発表が終わったら、二人目の発表を行います。これを人数分繰り返して下さい。時間が余ったら、ぜひ、それぞれの発表について感じたことや、チーム活動中に起こった出来事で印象的だったことについて、コメントしあいましょう。このメンバーでのワークは最後です。残された時間でお互いに貢献しあいましょう。

④グループワーク「エール交換」

これから寄せ書きをします。まず、**Work** ⑦（☞ **Work Book**：29 頁）の真ん中に、自分の名前を記入して、○で囲んで下さい。終わったら、チームメンバーの人数に合わせて、記入スペースを分割して下さい。その後、それぞれの **Work Book** を、時計回りに、隣の人に渡します。

Work Book を受け取ったら、（ア）自分の名前、（イ）そのメンバーの活動中の印象、（ウ）そのメンバーの今後の大学生活へのエール（応援・励まし）、その他自由に、寄せ書きの形で記入していきます。イラストを添えるのもよいでしょう。

書き終わったら、また時計回りに **Work Book** を渡します。全員分の **Work Book** に、時間内にチームメンバー全員が寄せ書きを終えられるようにしてください。

⑤グループワーク「解散式」

これで、このチームでのグループ活動は終了です。共に健闘した仲間たちとお礼を言いあい、チームを解散します。

⑥「私の大学生活」発表に向けた準備ワーク

第12回、第13回の授業（第9章）では、あなた自身の大学生活について、1分間のスピーチを行います。高校まで、どのように過ごしてきたのか。この授業の活動でどのようなことが起こったのか、そのとき何を感じたのか。そして、これからの大学生活で何を重視していきたいのか……クラスメンバーにスピーチという形で意見表明を行います。もし、自分の好む表現方法が、音楽であったり、イラストを描くことであったりするならば、それらを取り入れてもよいでしょう。ただし、発表時間のうち、必ず20秒間は、その場で話すライブのスピーチを入れるようにしてください。

1分間をすべてスピーチで行う場合、目安は原稿用紙300文字となります。**Work**⑧（☞ **Work Book**：30頁）に、自分のスピーチ原稿を書いてみましょう。

また、次回授業までの間に、スピーチのリハーサルを時間を計測して行い、時間内に発表が終わることを確認しておきましょう。原稿をただ読むだけだと、聞き手にメッセージが伝わらないかもしれません。何度も練習して、内容や表現を洗練し、自分が伝えたいことが伝わるよう、聞き手が楽しめるように工夫してください。

聞き手に届くよう、聞きとりやすい大きな声で発表することは、最も基礎的なスピーチの要件です。発声練習を行って、教室全体に自分の声が届くようにしましょう。

発表は2回にわたり行います。発表とそのフィードバックは、この授業において重要な学習活動ですので、2回とも体調を整え、遅刻欠席をしないように臨んでください。

スピーチは、これまでの経験を踏まえて、これからのあなたの大学生活をどう創造していきたいか、選び取っていきたいかをクラスメンバーに表現する場となります。自己表現を楽しみましょう。

●授業の終わりにチェック

☐ 「チーム」という小社会の中で自分がとった方針、果たした役割を主観的・客観的に把握することができた

☐ 「チーム」という小社会での活動を振り返り、今後の大学生活にどのように活かすかについて方針を持つことができた

Part Ⅲ
新たな自分を見出す
これまでの活動を振り返って

09 大学生活を産すぶ
「私の大学生活」発表
スピーチ体験とフィードバック

09-01　この授業の到達目標

　これまで、共に活動したメンバーと、前回の授業で解散式を終えました。今回の授業では、初めて「個」として、クラス全体に自らの大学生活について1分間のスピーチを行います。

　準備は充分整いました。発表は聞き手全員に届くよう、大きな声で話しましょう。「人前での発表は苦手」「自分は発表に向いていない」と思う人もいるかもしれません。でも、今回発表する相手はこれまで共に活動してきたクラスの仲間です。いったん、普段の自分を横におき、挑戦してみましょう。大学は、自分の考えや意見を対等に表明しあう場です。人前で自分の考えを話すことは、自分自身が納得感のある大学生活を創り出すうえでも必要になります。大学の醍醐味を楽しむための、第一歩を踏み出しましょう。

　聞き手は、あたたかな気持ちで、クラスメンバーそれぞれの個性ある発表を受け止め、ポジティブなフィードバックを心がけます。発表者を見てスピーチを聞くこと、共感した部分にはうなずきながら聞くこと、笑顔で受け止めることも、良い発表を支える大切なフィードバックの一つです。

　実際に、自分のこれからの大学生活についてクラスの仲間に意見表明をして、フィードバックを受けることで、また新たな大学生活のあり方が見えてくるかもしれません。

- 今後の大学生活について、1分間のスピーチ・パフォーマンスをする
- クラスメンバーの発表を受け止め、フィードバックする

09-02　ワークの進め方

①着　席

　指示に従って、各自着席します。

②個人ワーク「1分間スピーチ」

　教員の指示に従い、まず、今日の発表者のリストを、**Work** ① （☞ **Work Book**：32-39頁）に書き写します。

　発表者は、大きな声で、メッセージを聞き手に伝えることを最優先に、発表を行います。次の発表者は、発表準備席に自分で移動して、発表に備えましょう。

　聞き手は、発表者の顔を見て、共感した部分にはうなずきながら聞き、笑顔で発表を受け止めましょう。発表中に、聞き手と目が合うこと、聞き手の笑顔を見つけることは、発表のしやすさを格段に向上させます。

　発表者が入れ替わる時間に、聞き手は、発表者から受け取ったメッセージ、質問がある人は質問を、メモ欄に記入しておきましょう。

③クラスワーク「フィードバックと質疑応答」

　本日分の発表が終わったら、本日の発表者に対し、「今日私にとって最も印象に残った発表」「発表方法で感心したこと」「自分はできないことを、どうして発表者はできたのか」「発表内容で気になったこと」「共感したこと」などの視点から、ポジティブなフィードバックや質問をしあいます。

●授業の終わりにチェック

☐　今後の大学生活について、1分間のスピーチを行うことができた

☐　クラスメンバーの発表を受け止め、フィードバックができた

10 今期授業の振り返り
今後の大学生活に向けて

10-01 この授業の到達目標

この授業も、今回で最後となります。いよいよ、今期の大学生活の総まとめです。この授業だけでなく、他の専門科目や一般教養科目、また、課外活動についても振り返ります。その上で、あなた自身の今後の大学生活について、見通しを立てましょう。

この科目では「自分のことを知る」取り組み、「大学生活の学び方・過ごし方について先輩学生の話を元に調査する」取り組み、「社会に出てから大学生活の学び方・過ごし方がどう活きるのか社会人の話を元に調査する」取り組み、「チームで活動し、調査・発表する」という取り組みを行ってきました。あなたにとって心地よい協調作業の在り方、あなたにとって快適で好ましい大学生活の学び方・過ごし方について、あなた自身の考えは深まりましたか。

今日は、前期全体を振り返って言語化し、グループメンバーと共有した上で、あなたの今後の大学生活を鮮やかに描き出しましょう。

- 前期に受講している全ての授業と課外活動について、自分なりに振り返り、捉え直す
- 今後の大学生活について自分なりの方針を持つ

10-02 ワークの流れ

①グループ分け

1グループ4名程度のグループを作成し、着席する。

②個人ワーク「今期の学びの振り返りと後期に向けた方針」

第1、2、4章で、「自分のことを知る」ワーク、第3章で、「大学生活の学び方・過ごし方

を知る」ワークに取り組んできました。そして、第5、6章では、「社会に出てから大学の学びがどう活きるのか知る」ワークに取り組んできました。第7章では、「チームで調査・発表する」ワークに取り組み、第8章では、活動を振り返り互いにエールを送り合いました。また、第9章では、「大学生活における自分なりの方針を言語化する」ワークに取り組み、クラスメンバーの発表を聞きました。

この授業で、どんなことが印象に残っているか、そのことで自分にどんな変化が起こったのかについて **Work** ①（☞ **Work Book**：40頁）に記入しましょう。

次に、自分が前期に履修している授業について、専門科目・一般教養科目に分けて、振り返ります。(1) 自分が履修している科目名、(2) その科目で自分が面白いと感じている事、(3) その科目を受講した意義について「**Work** ②」（☞ **Work Book**：41頁）に記入しましょう。

次に、自分が前期に正課（授業）以外で行った取り組みについて、(1) その取り組みの概要、(2) その取り組みのあなたにとっての意義について **Work** ③（☞ **Work Book**：42頁）に記入しましょう。

最後に、今後重視したい学び方・過ごし方についてのより具体的な方針を **Work** ④（☞ **Work Book**：43頁）に記入しましょう。

③グループワーク「共有」

②で記述した内容について発表します。もう、グループワークは何度も経験しましたから、誰かの発表内容について、ポジティブなコメントをするのにも慣れてきましたね。聞き手は、発表を聞き流すのではなく、発表から学びましょう。発表を聞きながら、必ず「どこが参考になったか」「どこが面白いと思ったか」をフィードバックできるように準備しましょう。1人目の発表が終わったら、全員からコメントし、コメントされた内容を、発表者は **Work** ⑤（☞ **Work Book**：44頁）にメモして下さい。1人目の発表が終わったら、2人目……と順に発表し、時間内に全員の発表とフィードバックが終わっているようにしましょう。

④クラスの解散式

この授業で活動するのは、これで最後になります。最後に、この授業にスタッフとして関わった学生ファシリテータ、教員からクラス全体へのフィードバックを行い、クラスを解散します。

最終授業のスタイルについて

この授業では、上記の進め方を基本として、各クラスのファシリテータがそれぞれのクラスに合った内容を自由に実施してよいことになっています。この授業では、各クラスに集った受講生、訪れた社会人、クラスを担当するファシリテータによって、最終授業までのコンテンツは異なっています。このため、クラスの特徴に応じて授業を進めることが望ましい、と考えています。

⑤この授業の価値を振り返ってみよう

　この授業に参加したことの価値について、少しだけ考えてみてください。この授業の「価値」は何なのか？　私たちの目から見ると、それは「あなたが授業での活動を通して、とりわけさまざまな人たち——クラスメイト、グループメンバー、学生ファシリテータ、教員、社会人など——との対話から学び取ったもの」となります。ではこの「対話を通して学び取ったもの」は、教科書のどこに書いてあるのか？　どこにも書いてありません。なぜなら、「対話を通して学び取ったもの」はみなさん一人ひとりによって違うからです。あなたが学び取ったものは、「同じグループのAさんは人の話を引き出すのが上手だなぁ。自分もそうなりたいよ」かもしれないし、「Aさんは仕切りがうまいけど、ちょっとやりすぎ。待つ姿勢が大事だよね」かもしれないし、「Aさんがバイトと授業をなんとか両立させてるのは尊敬するワ」かもしれません。人によって学び取ったものが違うのは、一人ひとりがこれまで違う人生を歩んできており、その人生によって異なる価値観やコンプレックスがかたちづくられてきたからです。

　このような事情は、大学における多くの講義形式の授業——たとえば経済史、中国語文法、情報リテラシー……——とは異なっています。これらの授業では「あなたが学び取るべきもの」が予め大筋で決まっていて、そのコンテンツは教科書に書かれてあったり、講義録に記されたりします。これらの授業であなたが学び取ったものは、あなた自身の専門知識もしくは教養と呼ばれるものとなって、あなたの成長に役立つものとなるでしょう。つまり、あなたの学び取った専門知識や教養がその授業の価値であり、その価値はあなたの隣人にとっても大きく変わることはありません。

　振り返ってこの授業の価値は、今述べた専門知識とか教養とは異質のものです。先ほどそれは「対話を通して学び取ったもの」と言いましたが、もう少し言葉を尽くせば、「今ここで出会っている人たちとの対話から得られるもの」に加えて「今ここで出会っている人たちとの対話を価値あるものとするには、どうモチベーションをコントロールし、どのような手法を使えばよいか」といったものになるのではないでしょうか。前者の学びは当然、人によっ

て異なります。後者の学びはあなたの学びのスタイルとでもいえるようなものであり、こちらは、一人ひとりが自分なりに身に着けていくものでしょう。

　あなたの大学生活は、あなた自身のものです。あなたの人生も、あなた自身のものです。貴重な大学生活。大切なあなたの人生。周りの環境を活かし、人の考えを聞いたり、行動を参考にしながら、素敵な大学生活を、人生を、自ら創り上げて下さい。

●授業の終わりにチェック

☐ 今期に受講しているすべての授業について、自分なりに振り返り、捉え直しができた

☐ 今後の大学生活について自分なりの方針が持てた

おわりに

　ドイツの哲学者ハンナ・アーレントは、教育についてのエッセイの中で「親の世代は教育において、子供の生命と発達および世界の存続という二つの責任を負う」と述べています（ハンナ・アーレント『過去と未来の間——政治思想への8試論』所収、みすず書房、1994年、原著は1958年）。つまり、親の世代すなわち大人たちは、子供や若者に教育を提供する際、二つの責任を果たさなければならない。一つは、子供や若者の生命を守り、成長を促しつつ、世界へと導き入れること。もう一つは、その世界を存続させること、すなわち世界を破壊する人物の出現を許すような教育を提供してはならないこと、この二つの責任を負っている、というわけです。

　アーレントは同じエッセイの中で、教育の最終段階は大学の教養教育であり、専門学校や学部や大学院での専門教育は厳密には教育とは別の、次の段階に属するとも言っています。こうしたアーレントの主張に従えば、「自己発見と大学生活」は、大人たち（大学）が提供する教育の最終段階の、その入り口にあるものといえるでしょう。

　こうした、教養教育の入り口にあたる教育プログラムを提供するにあたり、大人の世代に属する私たちは、大学一年生の若者に何を学んでほしいのか考えました。そしてたどりついたのが、第10章の最後のほうで述べた、今ここで出会っている人たちとの対話から学ぶこと、そして今ここで出会っている人たちとの対話を価値あるものとするための学びのスタイルの土台づくり、この二つです。そしてプログラムを運営するにあたり、受講生よりほんの少し上の世代で、かつ昨年までのこの授業で今述べたことを学んだ若者たちの力を借りることにしました。

　二つの世界大戦を生き延びたアーレントにとって、世界は常にたがのはずれた、破綻しかけているものであり、世界に参入してくる新たな世代によってたがをはめ直すことが求められています。

　現在の状況も変わらないのだと私たちは考えています。「たがをはめ直す」とは、今風にいえば「社会貢献」です。アーレントはまた、教育は大学の教養教育で終わるが、学習という活動は生涯続くとも言っています。この授業で培った、自己内対話、他者との対話を深める経験を生かして、他者とともにあるすべての場を学びの場にしてほしい、これが私たちの願いです。

鬼塚哲郎

　「自己発見と大学生活」で、自分のこと、他の人のことをこれまでよりもていねいにみつめて、理解できましたか？
　対話やグループワークの経験から、大学生という立場を楽しみ、それを活用してこれからどう行動しようかとイメージすることができましたか？　ここで学んだこと、感じたこと、考えが深まったことを活かして、みなさん自身が満足できる豊かな大学生活を過ごしてください。そして卒業する時に、この大学に入学してよかった、自分にとってよい4年間だった、と思えるように。
　みなさんに、心からのエールを贈ります！

担当教員一同

4か月間、楽しめたかな？
ここでの学びやつながりを、ぜひこれからの
大学生活に活かしていこう！
応援しています！

参考文献

安部恒久（2006）．『エンカウンター・グループ—仲間関係のファシリテーション』九州大学出版会

新井和広・坂倉杏介（2013）．『グループ学習入門—学びあう場づくりの技法』慶應義塾大学出版会

アーレント，H.／引田隆也・齋藤純一［共訳］『過去と未来の間——政治思想への8試論』みすず書房

石井一成（2011）．『ゼロからわかる—大学生のためのレポート・論文の書き方』ナツメ社

石坂春秋（2003）．『レポート・論文・プレゼンスキルズ—レポート・論文執筆の基礎とプレゼンテーション』くろしお出版

井下千以子（2014）．『思考を鍛えるレポート・論文作成法　第2版』慶應義塾大学出版会

ヴァン イタリー，J-C.／松田弘子［訳］（2004）．『劇作ワークブック—戯曲の書き方を学ぶ13のレッスン』ブロンズ新社

ヴィゴツキー，L. S.／柴田義松［訳］（2001）．『新訳版　思考と言語』新読書社

ガニェ，R. M.・ウェイジャー，W. W.・ゴラス，K. C.・ケラー，J. M.／鈴木克明・岩崎　信［監訳］（2010）『インストラクショナルデザインの原理』北大路書房

久保田賢一（2000）．『構成主義パラダイムと学習環境デザイン』関西大学出版部

久保田賢一・岸磨貴子［編著］（2012）．『大学教育をデザインする—構成主義に基づいた教育実践』

久保田賢一［編著］（2013）．『高等教育におけるつながり・協働する学習環境デザイン—大学生の能動的な学びを支援するソーシャルメディアの活用』

桑田てるみ［編］（2013）．『学生のレポート・論文作成トレーニング—スキルを学ぶ21のワーク』実教出版

慶應義塾大学教養研究センター［監修］（2015）．『実地調査入門—社会調査の第一歩』慶應義塾大学出版会

國分康孝（1992）．『構成的グループ・エンカウンター』誠信書房

佐藤　望［編著］（2006）．『大学生のための知的技法入門』慶應義塾大学出版会

三宮真智子［編著］（2008）．『メタ認知—学習力を支える高次認知機能』北大路書房

ショーン，D. A.／佐藤　学・秋田喜代美［訳］（2001）．『専門家の知恵—反省的実践家は行為しながら考える』ゆみる出版

ショーン，D. A.／柳沢昌一・三輪健二［監訳］（2007）．『省察的実践とは何か—プロフェッショナルの行為と思考』鳳書房

中澤　務・森　貴史・本村康哲［編］（2007）．『知のナヴィゲーター—情報と知識の海—現代を航海するための』くろしお出版

西山敏樹・鈴木亮子・大西幸周（2013）．『データ収集・分析入門—社会を効果的に読み解く技法』慶應義塾出版会

バークレイ，E. F.・クロス，K. P.・メジャー，C. H.／安永　悟［監訳］（2012）『協同学習の技法—大学教育の手引き』ナカニシヤ出版

平木典子（2009）．『アサーション・トレーニング—さわやかな「自己実現」のために』金子書房

平田オリザ（1998）．『演劇入門』講談社

牧野由香里（2013）．『対話による学びへと続く道—学校改革「学びの共同体」づくりのナラティブ・エスノグラフィー』ひつじ書房

マクナミー，S.・ガーゲン，K. J.［編］／野口裕二・野村直樹［訳］（2000）『ナラティブ・セラピー—社会構成主義の実践』金剛出版

南田勝也・矢田部圭介・山下玲子（2011）．『ゼミで学ぶスタディスキル』北樹出版

森　治美（2008）．『ドラマ脚本の書き方—映像ドラマとオーディオドラマ』新水社

山田礼子（2009）．「大学における初年次教育の展開」*Journal of Quality Education.*

レイヴ，J.・ウェンガー、E.／佐伯　胖［訳］福島真人［解説］（1993）．『状況に埋め込まれた学習—正統的周辺参加』産業図書

ロジャーズ，C. R.／畠瀬　稔・畠瀬直子［訳］（2007）．『エンカウンター・グループ—人間信頼の原点を求めて』創元社

Rosenberg, M.（1965）. *Society and the adolescent self-image.* Prinston University Press.

■ 著者紹介（＊は編著者）

鬼塚哲郎（オニツカ　テツロウ）
京都産業大学名誉教授
スペイン語文学、キャリア教育、エイ
ズ予防

川出健一（カワデ ケンイチ）
大学非常勤講師など
教育学修士（美術）、ファシリテーシ
ョン（エンパワーしあう場づくり）

中沢正江＊（ナカザワ マサエ）
京都産業大学共通教育推進機構准教授
博士（知識科学）
教育工学、高等教育、知識科学

松尾智晶（マツオ チアキ）
京都産業大学共通教育推進機構准教授
修士（政策・メディア）
筑波大学大学院 人間総合科学研究科
学校教育学専攻 キャリア教育学
博士後期課程 単位取得退学
キャリア教育、キャリアカウンセリン
グ、キャリア開発

宮木一平（ミヤキ イッペイ）
京都産業大学現代社会学部教授
場のデザインとソーシャル・イノベー
ション、NPO・NGO論、地域活性化、
公共経営論、課題解決型・プロジェク
ト型教育（PBL）

※２章に登場する「第一印象ワーク」は本教科書の原形となった『プ
ログレスノート』に掲載されていたものです。
　ここに改めて当時の科目開発に携わられた、そして、『プログレスノ
ート』を中心となり執筆された中西勝彦氏に感謝の意を表します。

本書に関するご意見・ご感想は、以下のアドレスまでお寄せ下さい。

nakazawa@cc.kyoto-su.ac.jp

自己発見と大学生活
初年次教養教育のためのワークブック

2017 年 4 月 20 日　初　版第 1 刷発行
2025 年 3 月 20 日　第 2 版第 1 刷発行

　　　　　著　者　鬼塚哲郎・川出健一・
　　　　　　　　　松尾智晶・宮木一平
　　　　　編著者　中沢正江
　　　　　発行者　中西　良
　　　　　発行所　株式会社ナカニシヤ出版
　　　　☎606-8161　京都市左京区一乗寺木ノ本町 15 番地
　　　　　　　　　　　Telephone　075-723-0111
　　　　　　　　　　　Facsimile　075-723-0095
　　　　　　　Website　http://www.nakanishiya.co.jp/
　　　　　　　E-mail　iihon-ippai@nakanishiya.co.jp
　　　　　　　　　　　郵便振替　01030-0-13128

装幀＝白沢　正／印刷・製本＝創栄図書印刷
Copyright © 2025 by T. Onitsuka, K. Kawade, M. Nakazawa,
　　　　　　　　C. Matsuo, & I. Miyaki
Printed in Japan.
ISBN978-4-7795-1786-0

別冊：自己発見と大学生活
Work Book

学 部 名	
学 科 名	
受講科目名	
受講曜日・時間	
学籍番号	
氏　　名	
担当教員名	
連絡方法など	

目　　次

Part I　自分を知る
さまざまな活動と情報を基に

01　オリエンテーション —————————— 2
自己表現とフィードバックでお互いを知りあう

02　対話を通して自分を知る —————————— 4
自分が人生で大切にしてきたことを省察する

03　大学生活について考える —————————— 8
先輩に聞く大学での学び方

04　自分の「今」を表現する —————————— 12
文章と図で今の自分を表してみよう

05　社会人生活を調査する —————————— 16
社会人の先輩に聞く：大学と社会を産すぶ私の大学生活

06　自分の周りの仕事世界を調査する —————————— 20
社会人へのキャリアインタビュー・レポート

Part Ⅱ　チームをつくり協働する
私たちが考える「大学生活の楽しみ方」

07　チーム活動とポスターセッション ———————— 23

08　チーム活動の振り返り ———————————————— 26

Part Ⅲ　新たな自分を見出す
これまでの活動を振り返って

09　大学生活を産すぶ「私の大学生活」発表 ——————— 32
スピーチ体験とフィードバック

10　今期授業の振り返り ———————————————— 40
今後の大学生活に向けて

別冊：自己発見と大学生活
Work Book

01　オリエンテーション

自己表現とフィードバックでお互いを知りあう

Work ①　アイスブレイク　「字」己紹介（☞**テキスト：9頁**）

◉「自分を漢字 1 字で表すとしたら……

01 オリエンテーション

Work ② PROGRESS！（☞**テキスト：10頁**）

●クラスメンバーから言われた言葉と、自分の発言や振る舞いで記憶に残ったことを記入

02 対話を通して自分を知る

自分が人生で大切にしてきたことを省察する

Work ① 第一印象ワーク：インプレッション編（☞**テキスト：11-12頁**）

番号 名前 印象	1	2	3	4	5	6
まじめ						
明るい						
やさしい						
のんびり						
冷静						
活動的						
大雑把						
おもしろい						
頼もしい						
おおらか						
几帳面						

コメント欄	

Memo

02 対話を通して自分を知る

Work ④ 第一印象ワーク：リフレクション編（☞テキスト：13頁）

番号 名前 印象	1	2	3	4	5	6
まじめ						
明るい						
やさしい						
のんびり						
冷静						
活動的						
大雑把						
おもしろい						
頼もしい						
おおらか						
几帳面						
コメント欄						

Work ⑤ 第一印象ワーク：フィードバック編（☞テキスト：13頁）

●自分に対するメンバーからのコメント（印象の変化）をメモしてみよう。

Work ②　価値観ワーク：私が大学生活で重視したいことは何か？（☞テキスト：12頁）

交流・人間関係（教養）	□クラブ・サークルに参加	□外国人の友人をつくる
	□アルバイトをする	□たくさんの友人をつくる
	□家族以外のオトナに友人（知人）をつくる	□尊敬できる友人をつくる
	□恋人をつくる	□
	□親友をつくる	
精神修養（教養）	□色々な人の価値観を知る	□高い買い物をする
	□美術・音楽に触れる	□節約する・貯金する
	□美しい景色を見る	□さまざまな知識を知る
	□ファッションセンスを磨く	□夜通し語る
	□苦労する	□20歳になったらお酒を飲んで自分の限界（酒量）を知る
	□楽しいことをやり尽くす	
	□小説を読む	□
	□1人暮らしをする	
学問・探求	□世界中の誰もが知らないことを知る	□卒業研究など研究活動をする
	□誰も行ったことがない場所に行く	□大学院に進学する
	□自分の考えを表現する	□
	□既存の知識を学ぶ	
スキル修得	□社会人に必要な能力を身につける	□対話能力を身につける
	□金銭管理能力を身につける	□協調性を身につける
	□情報収集能力を身につける	□英語力を身につける
	□論理的思考力を身につける	□多様な価値観を身につける
	□ストレスに強くなる	□プレゼン能力を身につける
	□問題解決能力を身につける	□
資格・地位	□資格を取る	□首席/優秀修了生になる
	□学士や修士を取る	□分野の専門家になる
	□お金を沢山得る	□無遅刻無欠席
	□名の知れた企業の内定を取る	□
	□4年で卒業する	
その他	□夢中になることを見つけ、がむしゃらに取り組む	□ひたすら努力する
	□	

Work ③　価値観ワーク：私が大学生活で重視していることの関係図（テキスト：12頁）

自分の価値観、はっきりしてきた？

03 大学生活について考える

先輩に聞く大学での学び方

Work ① 先輩方のフラッシュ・トークをメモしましょう（☞**テキスト：16頁**）

●フラッシュ・トークについてのメモ

（　　　　　　　）学部　（　　）年　＿＿＿＿＿＿＿＿＿＿＿先輩

テーマ：＿＿＿＿＿＿＿＿＿＿＿＿＿＿＿＿＿＿＿＿＿＿＿＿＿＿＿＿

質問案

（　　　　　　　）学部　（　　）年　＿＿＿＿＿＿＿＿＿＿＿先輩

テーマ：＿＿＿＿＿＿＿＿＿＿＿＿＿＿＿＿＿＿＿＿＿＿＿＿＿＿＿＿

質問案

（　　　　　　　）学部　（　　）年　＿＿＿＿＿＿＿＿＿＿＿先輩

テーマ：＿＿＿＿＿＿＿＿＿＿＿＿＿＿＿＿＿＿＿＿＿＿＿＿＿＿＿＿

質問案

03 大学生活について考える

Work ②　1人目の先輩の座談会メモ（☞**テキスト：16頁**）

◉概要についてのメモ

Work ③　グループ共有「先輩に聞く大学生活の学び方」についてのメモ（☞**テキスト：17頁**）

メンバー名	どの先輩の話で	メンバーの話から気づいたこと・学んだこと
＿＿＿＿＿＿＿さん	＿＿＿＿＿＿＿先輩 ＿＿＿＿＿＿学部	
＿＿＿＿＿＿＿さん	＿＿＿＿＿＿＿先輩 ＿＿＿＿＿＿学部	
＿＿＿＿＿＿＿さん	＿＿＿＿＿＿＿先輩 ＿＿＿＿＿＿学部	
＿＿＿＿＿＿＿さん	＿＿＿＿＿＿＿先輩 ＿＿＿＿＿＿学部	
＿＿＿＿＿＿＿さん	＿＿＿＿＿＿＿先輩 ＿＿＿＿＿＿学部	

Work ④ ２人目の先輩の座談会メモ（☞テキスト：17頁）

◉概要についてのメモ

Work ⑤ グループ共有「先輩に聞く大学生活の学び方」についてのメモ（☞テキスト：17頁）

メンバー名	どの先輩の話で	メンバーの話から気づいたこと・学んだこと
＿＿＿＿＿さん	＿＿＿＿＿先輩 ＿＿＿＿＿学部	
＿＿＿＿＿さん	＿＿＿＿＿先輩 ＿＿＿＿＿学部	
＿＿＿＿＿さん	＿＿＿＿＿先輩 ＿＿＿＿＿学部	
＿＿＿＿＿さん	＿＿＿＿＿先輩 ＿＿＿＿＿学部	
＿＿＿＿＿さん	＿＿＿＿＿先輩 ＿＿＿＿＿学部	

📝 MEMO

04 自分の「今」を表現する

文章と図で今の自分を表してみよう

Work ① 「私」を文章で表現する（☞ **テキスト：20頁**）

私は＿＿＿＿＿＿＿＿＿＿＿＿＿＿＿＿＿＿＿＿＿な性格です

私は＿＿＿＿＿＿＿＿＿＿＿＿＿＿＿＿＿＿＿＿＿が好きです

私は＿＿＿＿＿＿＿＿＿＿＿＿＿＿＿＿＿＿＿と思われがちです

私は＿＿＿＿＿＿＿＿＿＿＿＿＿＿＿＿をすると楽しくなります

私は＿＿＿＿＿＿＿＿＿＿＿＿＿＿＿＿＿に興味があります

私は＿＿＿＿＿＿＿＿＿＿＿＿＿＿＿＿と人によく言われます

私は＿＿＿＿＿＿＿＿＿＿＿＿＿＿＿＿には自信があります

私は＿＿＿＿＿＿＿＿＿＿＿＿＿＿＿をしていると幸せです

04 自分の「今」を表現する

Work ② 「私を取り巻く環境」を図で表現する（☞**テキスト：20-21 頁**）

（見本）

〇：ひと　□：もの・こと・場所　□〇の大きさ：影響の大きさ

□〇と【私】の距離：会う・利用する・時間の長さ・頻度

祖　母

スマホ

高校時代の
友人

両　親

【私】

姉

学部の友人

パソコン
ルーム

ボランティア
サークル

中学３年の時の
担任

【私】

Work ③ 「これからの私、これからの大学生活を文章で表現する」(テキスト：21頁)

私は、大学時代に、自分の

を強化したい。

私は、大学生活の中で

に最も時間を使いたい。

私は、大学を卒業するときに、

と言える大学生活を送りたい。

Work ④ 「感想の共有」メモ (テキスト：21頁)

✎ MEMO

05 社会人生活を調査する

社会人の先輩に聞く：大学と社会を産（む）すぶ私の大学生活

Work ① ゲストの方のフラッシュ・トークをメモしましょう（☞**テキスト：24頁**）

●フラッシュ・トークについてのメモ

ご所属：＿＿＿＿＿＿＿＿＿＿＿＿＿　　お名前：＿＿＿＿＿＿＿＿＿＿＿＿＿

①大学生活を代表する活動は……

＿＿＿＿＿＿＿＿＿＿＿＿＿＿＿＿＿＿＿＿＿＿＿＿＿＿＿＿＿＿＿＿＿＿＿＿＿

②今、なさっているお仕事は……

＿＿＿＿＿＿＿＿＿＿＿＿＿＿＿＿＿＿＿＿＿＿＿＿＿＿＿＿＿＿＿＿＿＿＿＿＿

ご所属：＿＿＿＿＿＿＿＿＿＿＿＿＿　　お名前：＿＿＿＿＿＿＿＿＿＿＿＿＿

①大学生活を代表する活動は……

＿＿＿＿＿＿＿＿＿＿＿＿＿＿＿＿＿＿＿＿＿＿＿＿＿＿＿＿＿＿＿＿＿＿＿＿＿

②今、なさっているお仕事は……

＿＿＿＿＿＿＿＿＿＿＿＿＿＿＿＿＿＿＿＿＿＿＿＿＿＿＿＿＿＿＿＿＿＿＿＿＿

ご所属：＿＿＿＿＿＿＿＿＿＿＿＿＿　　お名前：＿＿＿＿＿＿＿＿＿＿＿＿＿

①大学生活を代表する活動は……

＿＿＿＿＿＿＿＿＿＿＿＿＿＿＿＿＿＿＿＿＿＿＿＿＿＿＿＿＿＿＿＿＿＿＿＿＿

②今、なさっているお仕事は……

＿＿＿＿＿＿＿＿＿＿＿＿＿＿＿＿＿＿＿＿＿＿＿＿＿＿＿＿＿＿＿＿＿＿＿＿＿

05　社会人生活を調査する

Work ②　「大学生活が社会人生活にどう役立っているのか」についての話を
メモしながら聞きましょう（☞**テキスト：24頁**）

（　　　　　　　　　　　　）さん　　ご所属（　　　　　　　　　　　　　　　）

【先輩の印象・話の内容など】

【大学での学びが社会人の生活にどう役立っているのか】

【自分が考えたこと】（「共感した部分」「自分とは異なる考え」「疑問」などについて）

（　　　　　　　　　　　　）さん　　ご所属（　　　　　　　　　　　　　　　）

【先輩の印象・話の内容など】

【大学での学びが社会人の生活にどう役立っているのか】

【自分が考えたこと】（「共感した部分」「自分とは異なる考え」「疑問」などについて）

Work ② 「大学生活が社会人生活にどう役立っているのか」についての話を
メモしながら聞きましょう（☞**テキスト：24頁**）

（　　　　　　　　　　　　）さん　　ご所属（　　　　　　　　　　　　　　　　　）

【先輩の印象・話の内容など】

【大学での学びが社会人の生活にどう役立っているのか】

【自分が考えたこと】（「共感した部分」「自分とは異なる考え」「疑問」などについて）

Work ③ 「大学生活が社会人生活にどう役立っているのか」についての疑問点を整理し、
質問しましょう（☞**テキスト：24–25頁**）

✎ MEMO

06　自分の周りの仕事世界を調査する

社会人へのキャリアインタビュー・レポート

Work ①　レポートに書く内容を下記のフォーマットで整理しましょう（☞**テキスト：27頁**）

インタビュイー （イニシャルで共有）	（　　　　　　　　　　）に従事する（　　　　　　　　　　）さん
年齢（年代）	歳（　　　代）
インタビュイーの思い、経験のうち、特に重要だと思う点	
インタビューして自分が感じたこと、学んだこと	

06 自分の周りの仕事世界を調査する

Work ②　Work ①でまとめたことを、要約原稿にまとめましょう（☞テキスト：27頁）

✏️ MEMO

07 チーム活動とポスターセッション

Work ① グループメンバーの一覧（☞テキスト：34頁）

チームナンバー	メンバー名	メンバー連絡先（大学のメールアドレス等）

Work ② テーマ（☞テキスト：35頁）

私達のチームの「問い（調査テーマ）」は……

Work ③ 調査方法の決定（☞テキスト：36頁）

調査の種別	主な担当者2名1組	検証内容（…について明らかにする）
A）学内での調査① 調査方法：		
B）学内での調査② 調査方法：		
C）その他の調査 他の統計資料との比較等 調査方法：		

Work ④　調査結果の分析スケジュール（☞テキスト：36頁）

日　　時	場　　所	分析対象となる調査
月　　日（　　） 　時　　分〜　時　　分		
月　　日（　　） 　時　　分〜　時　　分		
月　　日（　　） 　時　　分〜　時　　分		
月　　日（　　） 　時　　分〜　時　　分		
月　　日（　　） 　時　　分〜　時　　分		
月　　日（　　） 　時　　分〜　時　　分		
月　　日（　　） 　時　　分〜　時　　分		
月　　日（　　） 　時　　分〜　時　　分		
月　　日（　　） 　時　　分〜　時　　分		

✐ MEMO

08 チーム活動の振り返り

これまでの5週間、固定メンバーでグループワークに取り組みました。

Work ① 第7章のワークが始まった時、あなたはどのような気持ちで、何を考えましたか？
（**Reflection Note** を見て思い出してください）」（☞**テキスト：40頁**）

Work ② 発表前のグループ活動についての方針（☞**テキスト：40頁**）

●発表前、調査をしたり、結果をまとめポスターを作り準備していたとき、あなたはどのような気持ちでしたか？　チームの中で自分が果たす役割について、どのような考えを持っていましたか？

Work ③ グループ活動における役割（☞**テキスト：40頁**）

◉発表後、あなたはどのような気持ちでしたか？　チームの中で、あなたが貢献できたと思うことは何ですか？

Work ④ 今後のグループ活動についての方針（☞**テキスト：40頁**）

◉今、もっとこうしておけばよかった、または、こうしてよかった、と思うことは何ですか？
　次にグループ活動をするときにはこのようにしよう、と考えたことは何ですか？

Work ⑤　今後の大学生活についての方針（☞テキスト：40 頁）

●①－④に記述したことを踏まえ、今後の大学生活を、自分としてはどのように過ごしていきたいと考えていますか。

Work ⑥　グループのメンバーの発表を聞いて、感じたこと、気づいたこと、考えたこと、自分にも活かすことができそうな点を書いてください（☞テキスト：40 頁）

Work ⑦　今後の大学生活についての方針とエール交換　（☞**テキスト：40 頁**）

●グループのメンバーから、寄せ書き形式で、グループワーク中に自分に対して感じたこと、自分の今後の大学生活へのエールを記入してもらいましょう。真ん中に、自分の名前を記入します。それから、今日のメンバーの人数を確認して、領域を人数分（自分を除く）に分割しましょう。寄せ書きの際、書きたい人は、イラスト等を添えたり、マーカーでデコレーションしてもよいでしょう。

Work ⑧　第 9 章の準備ワーク（☞テキスト：41 頁）

◎大学に入学するまでの自分、これまでの授業で起こったこと、自分のこと、グループのことを
　振り返って、『今後の自分の大学生活について』、1 分間のスピーチ内容を考えます。

●聞き手（クラスメンバー）に伝えたいメッセージを一言で言うと……

●スピーチ原稿（1 分間≒300 文字）

✐ MEMO

09　大学生活を産すぶ「私の大学生活」発表
スピーチ体験とフィードバック

Work ① （☞テキスト：46頁）

順番	名　　前	発表者から受け取ったメッセージ	質問・コメント
1			
2			
3			
4			
5			
6			
7			
8			
9			
10			

Work ① （☞テキスト：46頁）

順番	名　　前	発表者から受け取ったメッセージ	質問・コメント
11			
12			
13			
14			
15			
16			
17			
18			
19			
20			

Work ① (☞テキスト：46頁)

順番	名　　前	発表者から受け取ったメッセージ	質問・コメント
21			
22			
23			
24			
25			
26			
27			
28			
29			
30			

09 大学生活を産すぶ「私の大学生活」発表

Work ① (☞テキスト：46頁)

順番	名　前	発表者から受け取ったメッセージ	質問・コメント
31			
32			
33			
34			
35			
36			
37			
38			
39			
40			

Work ① (☞ テキスト：46頁)

順番	名　　前	発表者から受け取ったメッセージ	質問・コメント
41			
42			
43			
44			
45			
46			
47			
48			
49			
50			

Work ① （☞テキスト：46頁）

順番	名　前	発表者から受け取ったメッセージ	質問・コメント
51			
52			
53			
54			
55			
56			
57			
58			
59			
60			

Work ① (☞テキスト：46頁)

順番	名　前	発表者から受け取ったメッセージ	質問・コメント
61			
62			
63			
64			
65			
66			
67			
68			
69			
70			

Work ① （☞テキスト：46頁）

順番	名　　前	発表者から受け取ったメッセージ	質問・コメント
71			
72			
73			
74			
75			
76			
77			
78			
79			
80			

10 今期授業の振り返り
今後の大学生活に向けて

Work ① 自己発見と大学生活の全15回まで振り返って一番印象に残っている出来事やその時感じたことは何ですか。また、そのことで自分にどんな変化がもたらされましたか。
（☞**テキスト：48頁**）

10　今期授業の振り返り　41

Work ② 　正課活動の振り返りと意義 （☞テキスト：48頁）

●初年次前期は、どのような授業を履修し、それらはあなた自身にとって、どんな意義を持つも
のでしたか。

履修している科目名	受講を通して学んだこと、面白さ、意義

Work ③　正課外活動の振り返りと意義（☞**テキスト：48 頁**）

●授業以外で、あなたが今学期取り組んだ事はどんな事ですか。（一般的には、アルバイトやサークル活動、部活動、大学を越えた友人や仲間との付き合い等があります。）

活動の名前・概要	活動を通して学んだこと、面白さ、意義

10 今期授業の振り返り

Work ④　今後の大学生活についての方針（☞**テキスト：48頁**）

●①〜③に記述したことを踏まえ、今後の大学生活を、どのように過ごしていきたいと考えています
　か。今の気持ちで記述してください。

【前期を振り返って満足している事、想定していなかった発見など】

_____

_____

_____

_____

_____

【前期を振り返ってもっとこうすれば良かったと考える事】

_____

_____

_____

_____

_____

_____

【後期以降に継続して / 新たにチャレンジしたいと考える事】

_____

_____

_____

_____

_____

Work ⑤ グループのメンバーの発表を聞いて、感じたこと、気づいたこと、自分にも活かすことができそうな点を書いてください。（☞ **テキスト：48頁**）

✏️ MEMO

自己発見と大学生活を受講し終えたあなたから、
後期以降の大学生活を送るあなたへメッセージをどうぞ！

〈みつるの場合〉

例えばこんなホーム	例えばこんなアウェイ

漫画：京都産業大学外国語学部卒業生　星加　静
テーマ：大学をアウェイからホームへ